# ミニチュア神社・仏閣の作り方

自分で作れる

右衛門

新紀元社

# はじめに

不器用な子供でした。図画工作の授業が憂鬱な子供でした。絵を描くことも何かを形にすることも、想像したことを手先に連動させることがひどく苦手な子供でした。

あの頃は、まだまだアナログの遊びしかない時代です。叔父の影響もあり私はプラモデルに出会いました。箱を開けるとそこにはプラスティックの切れ端のようなものが並んでいる不思議な世界が詰まっていました。叔父は何かが書かれている紙を読みながら、そのプラスティックの切れ端をくっつけていきます。その様子に惹かれてじっと見守る私。どのくらいの時間が経ったのか、気がつくと叔父の手の中には紛れもなく「スーパーカー」が出来上がっていたのです。「何かが書かれている紙」つまり説明書に従って作っていけば「何かの形になる」ということに不器用な私は惹かれていきました。

それからというもの大好きな車のプラモデルをお小遣いを貯めては作っていました。中学生になると時代小説にはまり、お城や神社仏閣などの建物のプラモデルに夢中になりました。

プラモデルをはじめ、ミニチュアの世界の良さとは何か？自分が好きなものが凝縮されて目の前に現れることだと思うのです。見上げることしか出来ないお城も五重塔もどんな角度からも見渡せるのです。とても手に入らないものも模型ならば手に入れられます。ミニチュアの醍醐味は大好きなものをとことん愛でることが出来るのです。作りながら設計者の気持ちになったり、乗り物であればドライバーやパイロットの気分にもなれる、お城であればまさに城主気分です。

近年、パワースポット巡り、御朱印集めなど、神社仏閣に興味を持ち訪れる方々が増えたこともあり、神社仏閣に関する書籍も多数発行されるようになりました。歴史ある建造物を訪れ、悠久に身を委ねる至福の時間です。写真で思い出を残すことはもちろんですが、ちょっとした合間に思い出をミニチュアという形にしてみるのはいかがでしょうか。今回は、神社仏閣をプラモデルに限らず様々な素材で楽しんで作ってみようと思います。

私なりの楽しみ方もスパイスにみなさまが手に取ったミニチュア作品製作に少しでもお役に立てればと思っております。

ミニチュアの世界を覗いてみませんか？

目次

## 第一章　ナノブロックで「稲荷神社」を作る

「稲荷神社」の豆知識……p6　キットの特徴について……p7　あると便利な道具紹介……p7
「稲荷神社」作成時のポイント……p8
楽しみ方の提案1　稲荷神社を使って飾り箱を作る……p10

## 第二章　ペーパーナノで「清水寺」「厳島神社」を作る

「清水寺」の豆知識……p14　「厳島神社」の豆知識……p14　キットの特徴について……p15
あると便利な道具紹介……p15
「清水寺」作成時のポイント……p16
「厳島神社」作成時のポイント……p22
楽しみ方の提案2　稲荷神社を壁にディスプレイする……p30
楽しみ方の提案3　名利厳島神社を知り尽くす……p31

## 第三章　メタリックナノパズルで「金閣寺」「雷門」を作る

「金閣寺」の豆知識……p34　「雷門」の豆知識……p34　キットの特徴について……p35
あると便利な道具紹介……p35
「金閣寺」作成時のポイント……p36
「雷門」作成時のポイント……p44
楽しみ方の提案4　金閣寺・雷門を季節の植物と合わせる……p52
楽しみ方の提案5　金閣寺・雷門を使って箱庭を作る……p54

## 第四章　プラモデルで法隆寺「夢殿」「五重塔」を作る

法隆寺「夢殿」「五重塔」の豆知識……p58　キットの特徴について……p59
あると便利な道具紹介……p59
「夢殿」作成時のポイント……p60
「五重塔」作成時のポイント……p66
楽しみ方の提案6　五重塔で楽しむミニチュア情景……p74

## 第五章　右衛門作品集

「農道のポルシェ」……P79　　　　　　　　　「ラ・フェラーリ」……P88
「姫路城」……P81　　　　　　　　　　　　　「フィアット 500」……P89
「ノイシュバンシュタイン城」……P82　　　　「SURPRISE」……P90
「レッドブルレーシングルノー RB6」……P84　「かくれんぼ」……P91
「フェラーリ F138 中国 GP# アロンソ」……P85　「屋形船」……P92
「木漏れ日」……P86

# 第一章

## ナノブロックで「稲荷神社」を作る

ここでは、作るのに特別な道具を必要としない、株式会社カワダのナノブロック「稲荷神社（品番 NBH_108）」の作り方をご紹介しましょう。

nanoblock® ©KAWADA CO.LTD.ALL RIGHTS RESERVED.

第一章／ナノブロックで「稲荷神社」を作る

## 「稲荷神社」の豆知識

写真提供：ピクスタ

稲荷神社と聞いて、まず思い浮かぶのが、千本鳥居で有名な京都の伏見稲荷大社。伏見稲荷は神社です。稲荷神社は五穀豊穣、商売繁盛の神様として全国に2万社はあるとされています。

その総本社となるのが伏見稲荷大社です。稲荷山全体が神域とされています。稲荷大神が主祭神。創建は和銅年間（708〜715年）。

同様に有名なのが、愛知県豊川市の豊川稲荷。こちらは寺院です。創建は1441年。正式名称は円福山 豊川閣 妙厳寺。宗派は曹洞宗。本尊は千手観音。秘仏に稲穂を担ぐ姿をした「豊川吒枳尼真天（とよかわだきにしんてん）」が祀られていることから豊川稲荷と呼ばれるようになったとされています。

写真提供：ピクスタ

ナノブロック「稲荷神社」の、大小の鳥居が数多く並ぶ様子は、京都の伏見稲荷大社を思わせます。

写真提供：ピクスタ

写真は本殿。正月三が日の初詣には100万人を超える人が参拝するそうです。

## キットの特徴について

袋詰めされた色とりどり、大きさの違うブロックと説明書が入っています。

小さなブロックで鳥居も狛犬も見事に再現されています。

　ナノブロックは株式会社カワダ（東京都）が2008年より発売をはじめた超ミニサイズのブロックです。最小ブロックの大きさは、縦×横×高さが、わずか4×4×5mmしかありません。

　その小ささを活かし、従来のブロックでは再現できなかった繊細な表現が可能になっています。本章で紹介している「稲荷神社（品番：NBH_108）」も、完成サイズは73×80×160mmとコンパクトながら、たくさんの鳥居が並ぶ稲荷神社を表現しています。

　これより大きな船や古城なども販売されていますので、稲荷神社を完成させたら、ほかのナノブロックにも手をのばしてみましょう！

## あると便利な道具紹介

ピンセットの先がブロックの円柱部分にフィットしてつまめるようになっています。

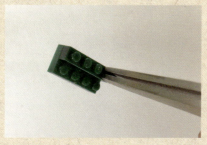

間違って差し込んでしまったブロックを外すのにも大変便利です。

　ナノブロックの組み立てに必要な道具は自分の手だけです。ただ、あると便利なのが、ナノブロック専用の取り外し＆組立補助ツールの「ピンセット（品番：NB-019）」。とくにブロックを間違えてつけてしまった場合や、完成後に分解してもう一度楽しむときなど、ピンセットの特殊な先端形状により、ナノブロックのポッチをしっかりと掴むことができて、取り外しにとても便利。

　それと、次のページから紹介しますが、小さいナノブロックの整理整頓に役立つのが、100円ショップ等で販売しているジュエリーケースやお薬のケースです。

# 「稲荷神社」作成時のポイント

ナノブロックから発売されている「稲荷神社」ですが、伏見稲荷大社の楼門と千本鳥居を組み合わせたようなデザインになっています。初めての方にも非常に作り易く、完成のフォルムも可愛いです。色分けとブロックの種類分けをしておくとスムーズに制作できるでしょう。
いくつかの予備ブロックは用意されていますが、とにかくブロックが小さいので紛失に注意が必要です。ブロックですので何度も繰り返し遊ぶことが出来ます。

## 1 ブロックを色と形で分ける

この仕分けはやっておいた方が作業効率が上がると思います。あえて無数のブロックの中から色々と探したいというのであれば別ですが……。百円ショップなどにあるジュエリーケースや、お薬ケースなどが便利だと思います。濃いグレー、薄いグレーと紛らわしい色もありますし、同じ形のようでちょっと違うものなどがあります。

1　小分けが済んだケース。取り出す際にピンセットがあるとなお便利かもしれません。

2　濃い灰色や薄い灰色など、微妙な色の違いもあります。小分けの際には形状の違いにも注意しましょう。

## 2 小皿などを準備すると便利

説明書の指示されたブロックの個数を確認しながら小皿などに取り出します。各層に使用するブロックだけを取り出して組み上げることで、間違えや勘違いがなくなります。

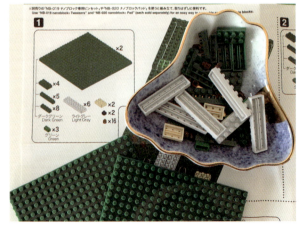

1　パーツの小分けが終わったら、説明書の単位ごとに、ブロックを分けておくと作業がはかどります。

## 樹木の組み立て

説明書の 19～23 では樹木を組み立てていきますが、幹の茶ブロックと長方形の緑ブロックの差し込みが細かく指示されているので説明書の絵と照らし合わせて進めていきます。上から見た絵もありますので、ブロックのずらし方も確認します。

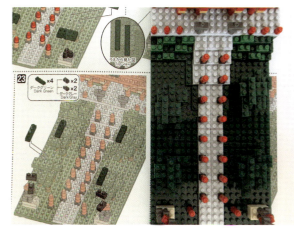

1 少しでもズレてしまうと、あとあとの修正が大変です。説明書をよく確認しながら作業を進めましょう。

## もう一度楽しむか、そのまま飾るか

ブロックの良さは一度組み上げてもまた崩して何度でも作ることが出来ることですが、そのまま飾ってしまうのであれば接着して固定してしまった方が型崩れもせず、良いかもしれません。

1 接着した方が安定しそうな鳥居部分のパーツと接着剤。

2 接着剤は写真の部分にほんのちょっとつけるだけでだいじょうぶです。

完成!

第一章／ナノブロックで「稲荷神社」を作る

楽しみ方の提案1

# 稲荷神社を使って飾り箱を作る

百円均一のショップで稲荷神社がセット出来る大きさのボックス、そのボックスを彩るマスキングテープを購入しました。和紙の千代紙などを貼り付けてもよいかもしれません。とっても簡単に飾り箱が出来上がります。

玄関のちょっとした飾りに、鍵やハンコなどを収納出来る飾り箱。せっかく作ったミニチュアをインテリアとして楽しむアイデアを考えるのも楽しみのひとつです。

マスキングテープをボックスに貼ります。

ブロックの裏側に厚手の両面テープを貼り付けて蓋に接着します。

> 自分で作りたいミニチュア

# カワダ／ナノブロック／

### おすすめラインナップ

**フィレンツェ**
（品番：NBH_164）

フィレンツェを象徴するサンタ・マリア・デル・フィオーレ大聖堂を再現！

**五重塔
デラックスエディション**
（品番：NB-031）

屋根からぶら下がっている風鐸（ふうたく）など細部を再現！

**光ファイバーLED+雷門**
（品番：NBH_157）

提灯が美しくライトアップされる夜の雷門の風景が楽しめます！

**東京**
（品番：NB-040）

東京の各名所を再現、凝縮！

**姫路城
スペシャルデラックスエディション**
（品番：NB-042）

姫路城が超大型サイズになって登場！

**大阪城**
（品番：NBH_173）

特殊部品が使われており、作りごたえ満点！

「ナノブロック」は、全国有名おもちゃ取り扱い店舗および大手家電量販店で販売されています。詳しくは株式会社カワダの「ナノブロック」ホームページをご確認ください。http://www.diablock.co.jp/nanoblock/
nanoblock®　©KAWADA

# 第二章

## ペーパーナノで「清水寺」「厳島神社」を作る

次のステップでは、株式会社カワダのペーパーナノ「清水寺（品番：PN-131）」と「厳島神社 デラックスエディション（品番：PND-003）」の作り方をご紹介しましょう。

©KAWADA CO.LTD.ALL RIGHTS RESERVED.

第二章／ペーパーナノで「清水寺」「厳島神社」を作る

## 「清水寺」の豆知識

季節を問わずに多くの人が訪れる清水寺。大きな清水の舞台をミニチュアで楽しみます。

写真提供：ピクスタ

　京都府東山区清水にある寺院。創建は778年。正式名称は音羽山清水寺。宗派は北法相宗大本山。本尊は千手観音（33年に一度開扉の秘仏）。俗にいう「清水の舞台」と呼ばれているのは本堂にあたります。国宝に指定されている本堂ですが、火災で焼失後1633年に徳川三代将軍家光の寄進により再建されました。

## 「厳島神社」の豆知識

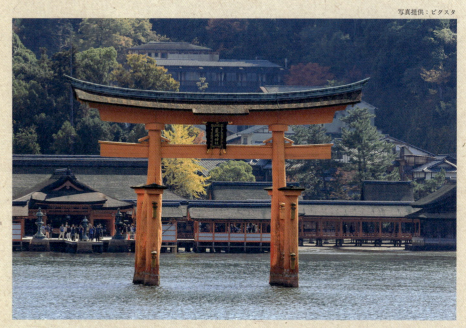

印象的な赤の両部鳥居。この鳥居を見れば厳島神社。ペーパークラフトで見事に再現していきます。

写真提供：ピクスタ

　広島県廿日市市の厳島にある神社、安芸国一宮。創建は593年。日本三景のひとつである宮島にある厳島神社ですが、海に浮かぶ朱色の大鳥居（楠造りの両部鳥居）が印象的です。神額は沖側には「厳島神社」神社前には「伊都岐島神社」と書かれています）。主祭神（宗像三女神）は、市杵島姫命・田心姫命・湍津姫神。海上の安全、商売繁盛のご利益があるとされています。

## キットの特徴について

箱を開けるとレーザーカットされた厚紙と説明書が入っています。

**反増(そりまし)**

厳島神社の大鳥居です。平面の紙から複雑な形状を見事に再現！

　第一章の「ナノブロック」に続いて、本章でも株式会社カワダから発売されている「ペーパーナノ」シリーズを紹介します。「ペーパーナノ」は、精密にレーザーカットされた紙製のパーツを切り抜き、ボンドなどで接着、組み立てて立体作品を作るペーパークラフトです。神社仏閣だけでなく、お城や自動車、帆船に至るまで、様々なミニチュアの世界を形にすることが出来ます。次ページから、「清水寺（品番：PN-131）」と「厳島神社 デラックスエディション（品番：PND-003）」の作り方を解説していきましょう。

## あると便利な道具紹介

カッターの刃で机を傷つけないようカッターマットも用意しておきましょう。

100円ショップにも便利なものがたくさん！　活用して組み立てていきましょう！

　「ペーパーナノ」の組み立てには、パーツの切り出しのためのカッターと、接着のためのボンドが最低限必要になります。加えてピンセットがあるときれいに仕上がるでしょう。家にない場合は、専用の「ペーパーナノ専用ストレートピンセット＆ボンド（商品番号：PNT-001）」が便利。ピンセットは幅の広い折り曲げも対応可能で、ボンドも口が細めに出来ているので細かな接着に最適です。

　カッターは30°と45°の刃がありますが、切り込みしやすい30°の刃をおすすめします。細かいカット作業に向いたペンタイプの「デザインナイフ」もあると便利でしょう。

# 「清水寺」作成時のポイント

ペーパーナノで作る「清水寺」は本殿（清水の舞台）部分を製作します。コンパクトですが、懸造（かけづくり）と呼ばれる本堂下の構造も紙とはいえ見事に「清水の舞台」を再現してくれています。まずは建物の土台部分の製作で紙の強度と質感を感じて、カッターでの切り離しや、折り曲げ、ボンドでの接着に慣れていきます。山折り、谷折り（破線が山折り、一点鎖線が谷折り）を間違えないように注意しましょう。

## 1　土台を作りながら基本を学ぶ！

まずは土台の大きなパーツで紙の質感、折り曲げの力加減を感じ取りましょう。厚手の紙と薄手の紙では、折り曲げの感覚が微妙に違うはずです。ボンドでの接着にも慣れていきましょう。

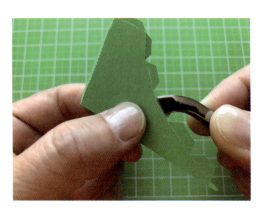

1　建物の土台部分を作ります。大きなサイズのパーツの組み合わせになります。手でも折ることは充分出来ますが、広い範囲を折り曲げる時、ピンセットや定規などを使うとより正確に進められます。

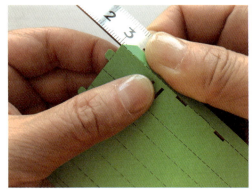

2　ボンドは少量でも充分に接着出来ます。逆に付けすぎるとボンドがはみ出したりしてしまうので注意しましょう。ボンドを付けたあと爪楊枝で全体に伸ばして接着すると綺麗に仕上がります。

3　細い面の接着は指で押さえるのも大変ですし、曲がってくっつけてしまわないようにするためにもクリップで抑えておくとしっかりと固定出来ます。

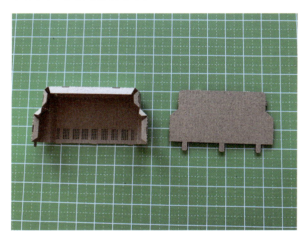
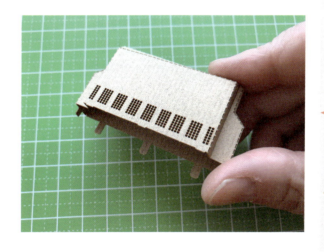

4　ペーパーナノでは破線が山折り、一点鎖線が谷折りと指示されています。折り目の点線を確認して間違えないように気をつけましょう。

5　かけ造の繊細なパーツを壊さないように、差し込み口につまようじなどでガイドしながらセットします。

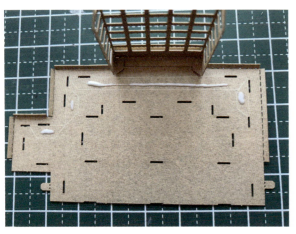
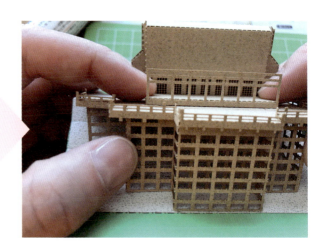

6 台座に建物をセットする際は、力を入れ過ぎて潰さないように気をつけます。特に本殿下の縣造部分は細いラインのパーツですので注意しましょう。

7 細くて、細かなパーツは、変に曲がりクセがつかないように注意しながら折り曲げましょう。

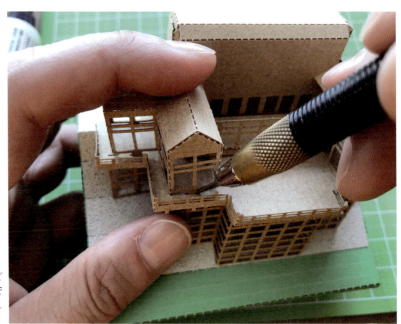

8 差し込みがキツイ場合は、ナイフの刃先などを使ってガイドとして使うと上手く差し込めるでしょう。万が一、無理そうであれば、刃先で差し込み口を広げます。

## 2 屋根部分の作り方

屋根は山折り谷折り、少し引っ張り気味に接着など、盛りだくさん。あくまでも自己満足ですが、ちょっとひと手間加えて仕上がりを美しくしてみました。

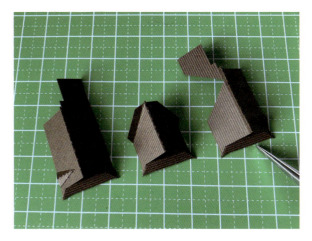

1 X24の接着に注意しましょう。屋根本体のペーパーを少ししならせる感じに接着します。

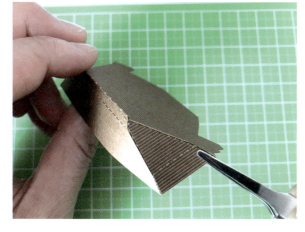

2 X-28の屋根部分の両脇の谷折りは曲げ過ぎないように注意します。

3 X-29を接着する際に綺麗に見えるように点線を折り曲げた時に出来るポツポツをカッターで平らに削ってみました。刃をほぼ直角にあてて横にスライドさせます。力任せにすると紙が必要以上に痛めるので注意します。やらなくても問題ありません。

4 削った部分は黒のマジックで色ぬりします。

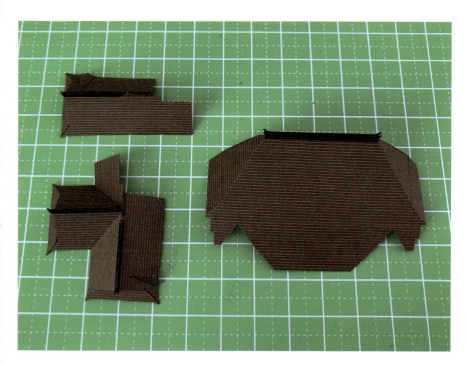

5　ナイフで削らなくても、X26、27、29を張り合わせたあとに色ぬりしても綺麗です。

## 3 ボックスを作って完成！

本体を収めるボックスを仕上げて、草木を作り、小物をセットしていよいよ完成になります。あまった枠紙で壁掛け仕様にも出来ます（30ページ参照）。

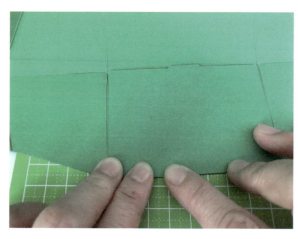

1　本体を収めるボックスですが、少しきつめにしっかりと折り目をつけましょう。

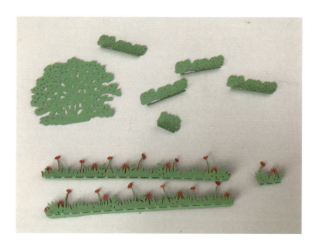

2　草木を指示通りに接着しセットしていきます。

3 人物もセットします。

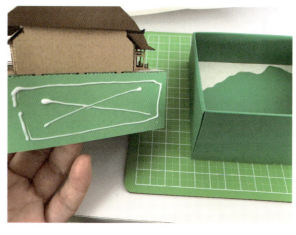

4 広い面への接着剤は全体に満遍なく塗るのがベストですが、こんな感じでも充分に接着出来ます。

完成!

# 「厳島神社」作成時のポイント

ペーパーナノで作る「厳島神社」は、大鳥居（両部鳥居）から火焼前・左楽房・右楽房・平舞台・祓殿・拝殿・内侍橋・幣殿・本殿部分を再現してあります。大鳥居（両部鳥居）の反増部分の再現は見事です。パーツ数が多く、折り曲げて丸みを作るなど少し難解なところもありますが、説明書をじっくり見てあ焦らずに進めていきましょう。

## 1 土台の作成

まずは6つのパーツを固定してベースを作ります。ゆがみが出ないように接着します。建物の土台を作り完成までの「ベース」をしっかりと構築。このベースに社殿や大鳥居を差し込んでいきます。

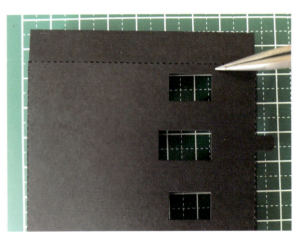

1 写真のような折れ線に沿った切り込み部分はシワにならないように丁寧に折り曲げます。

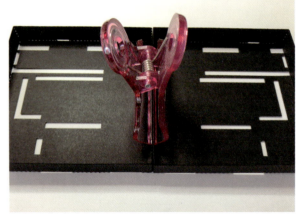

2 ゆがまないように裏側から接着面をクリップで止めてしっかり固定します。

3 黒のベースの完成図です。この状態にした時に座りが悪くならないように丁寧に張り合わせましょう。

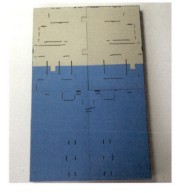

4 黒の土台に海表現の台紙と建物部分の台紙を貼りますが、ずれて貼り合わせると建物や鳥居パーツが差し込めなくなるので気をつけます。

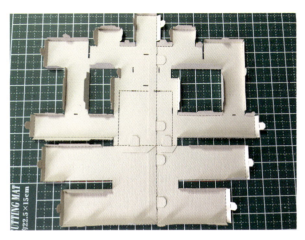

5 建物の土台となるパーツを張り合わせます。裏側でしっかり接着し整えます。

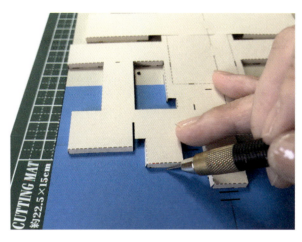

6 ベースにセットします。入りづらい部分はカッターの刃先などで上手くガイドして差し込んでいきます。

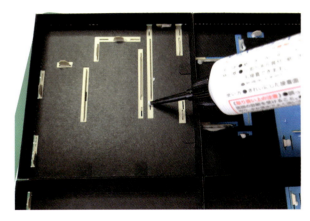

7 裏側をボンドで固定しておきます。

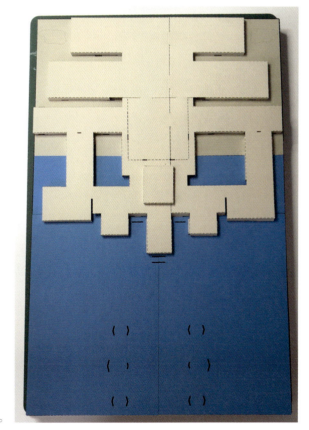

8 土台部分の完成です。

## 2　社殿の作成

お社を作っていきます。全体的に細いラインで構成されているので点線の折り曲げには充分に注意して進めていきましょう。山折りと谷折りもしっかり確認することが大切です。張り合わせのパーツは折り線がずれないように接着するのが大切です。左右対称になっているパーツは間違えないように注意しましょう。

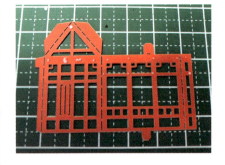

1　ボンドは付け過ぎないように。点付けするだけでもしっかり固定できます。

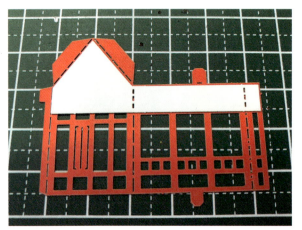

2　張り合わせのパーツは折り線にかぶったりしないよう、ずれに注意します。

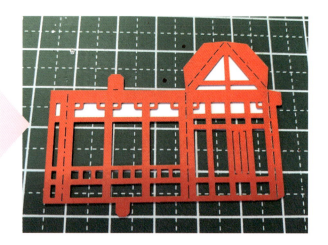

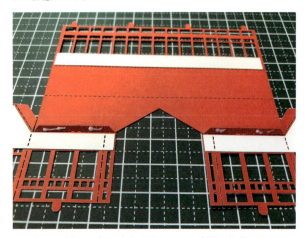

3　パーツどうしの組み合わせはしっかり裏側で接着します。

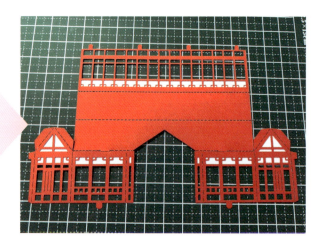

4 張り合わせて厚みがでるので折り曲げを固定するのにクリップでなじませると良いでしょう。

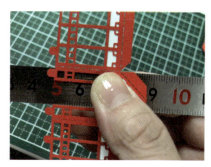

5 写真のような細いライン部分の折り曲げは定規などをガイドにして間違った折グセがつかないようにしましょう。ピンセットでも充分です。

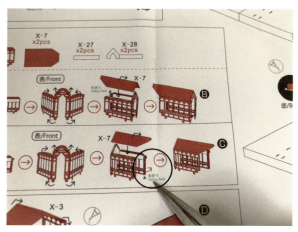

6 緑の三角印の谷折りを間違えないようにチェックします。

7 作ったパーツの裏側の見えない所に印をつけておくと最終的にセットする時に迷わずにすみます。

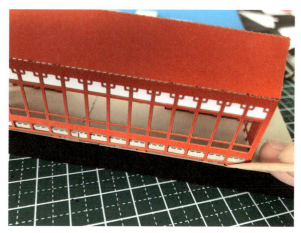

8 土台にお社をセットしていきます。差し込みを無理やりして押し潰したりしないように、カッターの刃先や爪楊枝などで差し込み口にガイドしてセットします。

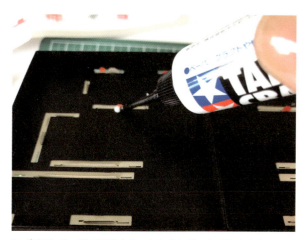

9 裏側をボンドで固定することも忘れずにしておきます。

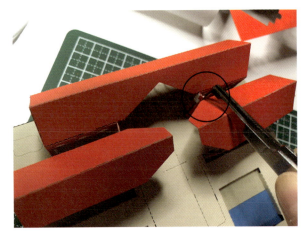

10 各パーツをセットし重なる部分の接着で狭いところはピンセットなどでしっかり押さえて固定します。

11 各建物のセットの完成です。

# 3 屋根の作成

屋根は複数のパーツを合わせて製作していきます。裏面からしっかりと接着しましょう。建物に被せた時にズレないように注意が必要です。裏表のチェックを忘れずに！

1 切り離す前に屋根のパーツにも裏側から番号を書いておくと良いと思います。裏側をしっかり固定します。

2 X-39、X-40の屋根パーツは先に接着しておきましょう。

3 完成です。

# 4 大鳥居の作成

厳島神社のシンボルともいえる大鳥居を作っていよいよ完成になります。曲面が多いので焦らず、楽しんで製作していきましょう。両部鳥居の構造がよくわかります。鳥居の美しさを際立たせる「反り増し」の再現は見事です。

1　部分のパーツ、定規やピンセットなどでガイドして丁寧に折り曲げていきます。

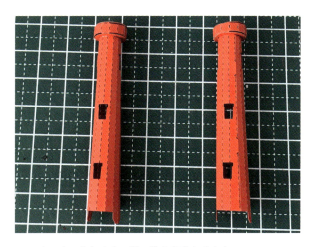

2　2本の太い柱と4本の細い柱を完成させます。

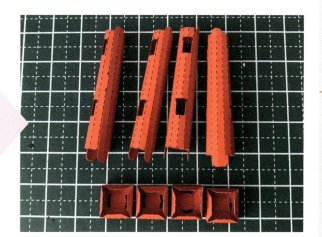

3　何枚ものパーツを重ねて厚みを出すものはズレないように接着し、クリップで束ねて固定しましょう。

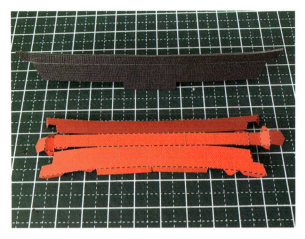

4　島木部分ですが、山折り谷折りが複雑で接着面が反っているので焦らずに工作します。

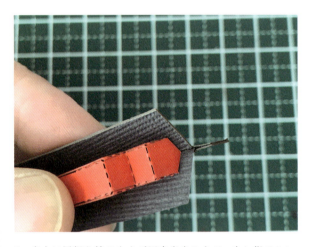

5　島木に屋根を被せますが固定出来るまで、少し指でテンションを掛けて時間をおきます。

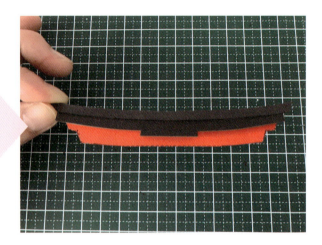

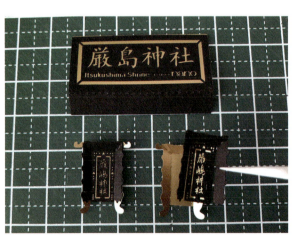

6　額塚とプレートを作ります。

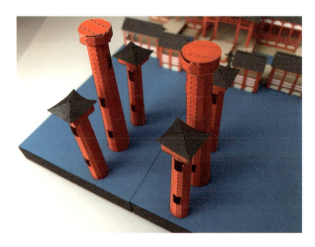

7　土台にセットしていきます。先に柱部分をセットしました。

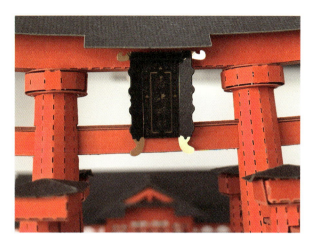
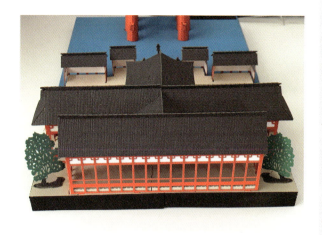

8　島木、貫を接着して大鳥居を完成させます。額塚も接着します。

9　最後にお社の後ろに木のパーツをセットして完成です。

完成！

第二章／ペーパーナノで「清水寺」「厳島神社」を作る

楽しみ方の提案2

# 稲荷神社を壁にディスプレイする

パーツを切り離して余ったペーパーを使い壁に飾るためのフックを作ってみました。とても簡単に出来るのでお試し下さい。

壁に掛ける仕様に簡単に出来ます。

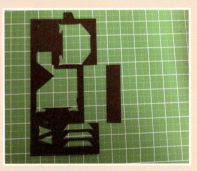

1cm幅で4cmほどの長さを残った枠紙から切り取ります。

ボックスの裏側の切り込みに差し込み固定します。

楽しみ方の提案3

# 名刹厳島神社を知り尽くす

荘厳な厳島神社をまるごと海ごと手に取って鑑賞してみる醍醐味。光を取り入れて映し出される影を楽しむ。ミニチュアだからこその楽しみです。

青いつるっとした素材に乗せると、海に写り込んだ鳥居のように見えるかもしれません。

厳島神社の大鳥居を抜け、広がる平舞台から本社本殿まで。ミニチュアだからこそすべてを把握することが出来ます。

自分で作りたいミニチュア

# カワダ／ペーパーナノ／

おすすめラインナップ

### 五重塔
（品番：PN-102）

一般の人々が遠くからでも参拝できるように高層化したという五重塔を再現！

### 雷門
（品番：PN-103）

浅草・浅草寺の山門。正式名称は「風雷神門」。

### 京都
（品番：PN-113）

金箔で彩られたお寺は、池の水面も金色にかがやいています。

### 姫路城
デラックスエディション
（PND-001）

石垣のレーザー加工の細かさに注目！

### 平等院
デラックスエディション
（品番：PND-002）

本尊の阿弥陀如来も金色で表現。

### 大阪城
デラックスエディション
（品番：PND-004）

特徴である屋根の色はもちろん、天守閣の装飾等も細かく見事に再現！

「ペーパーナノ」は、全国有名おもちゃ取り扱い店舗および大手家電量販店で販売されています。詳しくは株式会社カワダの「ペーパーナノ」ホームページをご確認ください。http://www.diablock.co.jp/papernano/
©KAWADA

# 第三章

メタリックナノパズルで「金閣寺」「雷門」を作る

本章では、株式会社テンヨーのメタリックナノパズル「金閣寺（品番：T-MN-006G）」と「雷門（品番：T-MN-063）」の作り方をご紹介しましょう。

メタリックナノパズル® ©Tenyo Co., Ltd.

第三章／メタリックナノパズルで「金閣寺」「雷門」を作る

## 「金閣寺」の豆知識

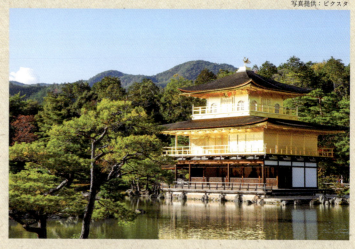

写真提供：ピクスタ

金閣寺は平成6（1994）年にユネスコの世界遺産「古都京都の文化財」の構成資産に登録されました。

京都市北区にある寺院。創建は1397年。正式名称は北山 鹿苑寺（ほくざん ろくおんじ）。宗派は臨済宗相国寺派。本尊は観音菩薩。開山 夢窓疎石。開基 足利義満。昭和25年（1950）に放火により焼失、昭和30年（1955）に再建されました。

## 「雷門」の豆知識

写真提供：ピクスタ

浅草寺の右隣にある浅草神社の例大祭「三社祭」の際には神輿が通過するため折りたたまれる大提灯。

雷門とは浅草寺の山門である風雷神門のことです。雷門と書かれた大提灯の裏側には「風雷神門」と書かれています。門に向かって右に風神、左に雷神。裏側には天龍と金龍が安置されています。現在の雷門は昭和35年に松下幸之助により寄進されたものです。大提灯の重さは700kgというから驚きであります。浅草寺は東京都台東区浅草にある寺院。創建628年。都内最古の寺。正式名称は金龍山 浅草寺（きんりゅうざん そうじ）。宗派は聖観音宗（天台宗系単立）総本山。本尊は聖観音菩薩（絶対秘仏）。

## キットの特徴について

本章では、金属板に細密にレーザーカットされた細かなパーツを組み合わせてミニチュアを作り上げる株式会社テンヨーのメタリックナノパズルを紹介します。パーツを切り離し、折り曲げ、タブをあわせてペンチで留める。気がつけば手のひらサイズの素敵なオブジェが完成します。ラインナップも多種多様。神社仏閣に、飛行機、昆虫、愛らしいキャラクターからロボットまで、コレクションとしても最適なミニチュアの世界です。細かなパーツが多いので繊細な作業が必要となりますが、慣れてしまえば必ず完成します。次ページから「金閣寺（品番：T-MN-006G）」と「雷門（品番：T-MN-063）」の作り方を解説していきます。

とてもコンパクトなのにこの内容。海外へのお土産にも最適なサイズです。

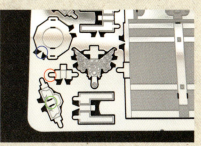

青い丸が切り取る場所。赤丸がタブ。緑丸がタブの差し込み口です。

## あると便利な道具紹介

メタリックナノパズルの組み立てに必要なのは、タブを折り曲げたり、ひねったりするのに便利なラジオペンチと、パーツを切り出すためのハサミが必要です。さらに、細かいパーツの取り扱いにピンセットがあると便利でしょう。

本書では、金属が切断できる「ニッパー」や、エッチングパーツ（金属）用のハサミをパーツの切り離しに使っています。また、パーツを切り離した断面をきれい成形するためヤスリを使用しています。ラジオペンチも止め口の幅が違うものを用意しておくと組み立てやすくなります。

左から、止め口が幅広のペンチ、止め口が細いペンチ、金属が切断出来るニッパー、エッチングパーツ（金属）用のハサミ。

ヤスリは、なくても組み立て可能ですが、あれば使ってみたい道具です。

# 「金閣寺」作成時のポイント

パーツ数も少なく割と作りやすいキットです。落ち着いたゴールドでインテリアにも馴染む色合いです。美しく荘厳な金閣寺のミニチュアを楽しむ事が出来ます。メタルシートの裏表をしっかりと確認します。薄い金属プレートですので、切り離しで残る切り残し部分で怪我をしないように注意しましょう。また、力の入れ過ぎで不用意な場所を曲げて、破損しないようにすることが大事です。

## 1 工具の使い方と組み立て方の基本

金属用のニッパーを使います。カッターでの切り離しも出来ますが、カッティングマットなど、硬い平らなものの上でパーツが曲がらないように刃を入れましょう。

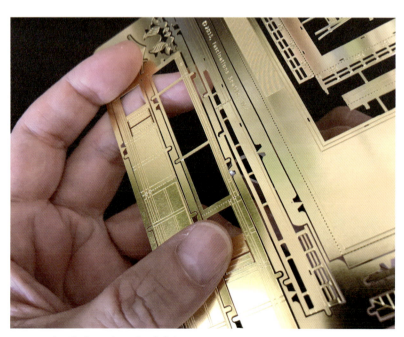

1 ニッパーはプレートのドから差し込んで切断すると扱いやすいです。

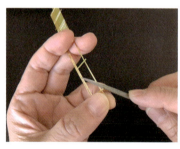

2 怪我防止のために切断面を金ヤスリで平らにすると安心でしょう。

3 手でも充分に折り曲げられますが、平形のペンチなどを使うと便利です。

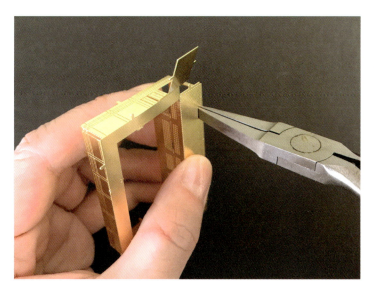

4　タブの留め方の指示を確認しながら各パーツを固定していきます。力任せにすると切れてしまうので注意します。ちょっと手前に引っ張り気味にひねったり曲げたりすると良いでしょう。

## 2　一階、二階部分の組み立て

　一階、二階部分を仕上げていきます。90度に曲げ、タブを留めていく作業ですので、ここで慣れておきましょう。タブに入れづらいこともありますが、焦りは禁物。変に力が入ると曲がってしまいます。似たパーツもあるので説明書を良く確認しましょう。二階部分では手すりの付け方が細かく指示されているので確認しましょう。

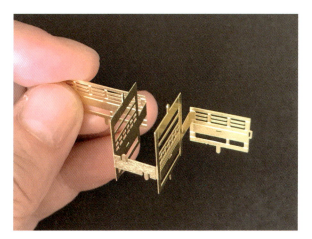

1　細いラインで曲げるところは慎重にペンチなどを使って折り曲げましょう。

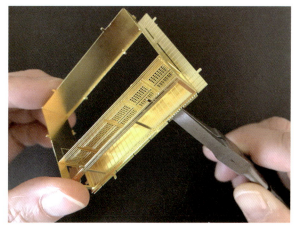

2　一階部分の外回廊は細く繊細なパーツの組み合わせになるので注意します。

第三章／メタリックナノパズルで「金閣寺」「雷門」を作る

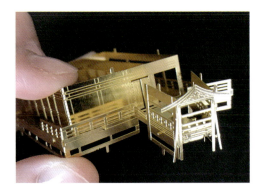
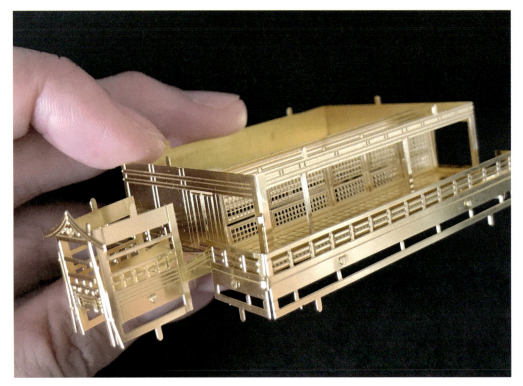

3　外回廊パーツ10は説明書をよく確認して取り付けましょう。予備パーツも付属していますが、焦らずに！

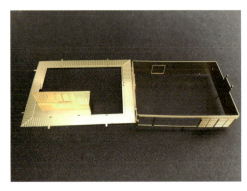

4　廊下、室内パーツを組み合わせます。

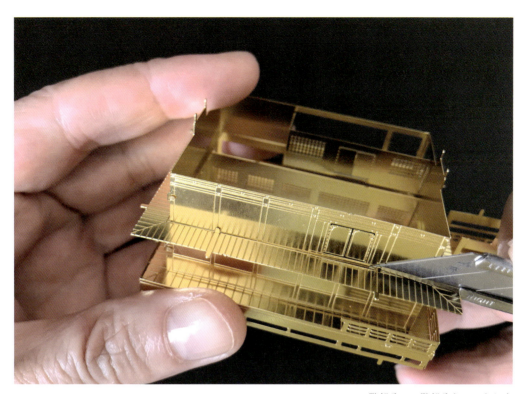

5　一階部分に二階部分をセットします。タブが二階の壁面に重なるようになるのでカッターの刃先のような薄いしっかりしたヘラ状のものを差し込んで折り曲げると上手くいきます。

6　二階の手すりのセットです。説明書をよく見て取り組みましょう。

## 3 台座の仕上げと三階部分の作り方

外回廊の屋根を作り、台座を仕上げ、建物をセットします。三階部分も仕上げていきます。

1　外回廊の屋根パーツ 17、18 を合わせ屋根に反りをつけて被せます。丸いボールペンの柄などを使うと良いでしょう（反りのつけ方は、46 ページもご参照ください）。

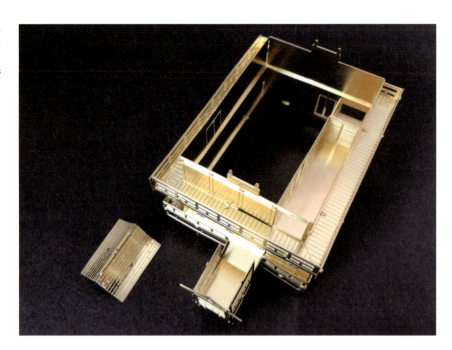

2　台座部分ですが、広範囲を折り曲げるので定規などをガイドにして曲げると良いでしょう。手で曲げる場合は焦らず少しずつ折り曲げていきます。

3　台座に二階部分までの建物をセットします。裏側からしっかりと固定しましょう。ここでもタブを引っ張り気味に 90 度ひねると浮いたりせずに安定します。

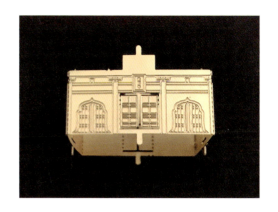

4 三階部分の製作と注意点は、「金閣寺」の表記がある壁面が表に来るということです。充分注意しましょう。

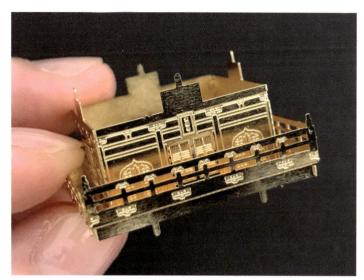

## 4 屋根部分の作り方と最終組み立て

鳳凰と屋根を作っていよいよ完成。荘厳な金閣寺を仕上げていきます。細かいパーツで作る鳳凰は繊細な作業になります。説明書を確認しながら注意して製作していきましょう。屋根の反りはゆっくり焦らずにカーブをつけましょう。

1 凰のパーツは本当に細かいものです。無くさないように注意しましょう。

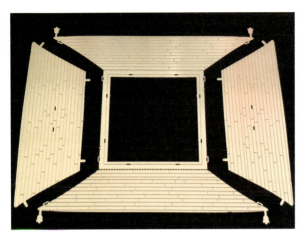
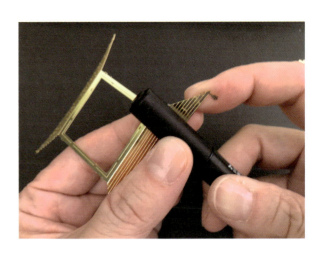

2　二階部分の屋根パーツにボールペンなどの丸みを使って反りをつけていきます。

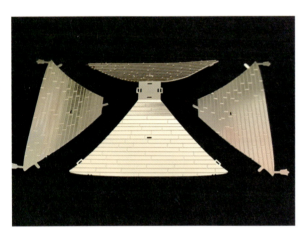

3　三階部分の屋根パーツに鳳凰をセットします。

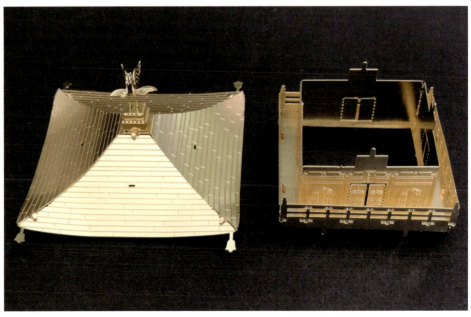

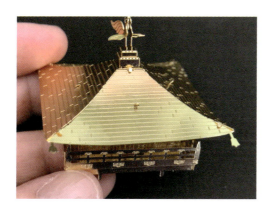 

4 三階と屋根を固定してから二階部分の屋根に固定、最後に一階部分に固定します。

完成！

# 「雷門」作成時のポイント

斗棋(ときょう)や肘木(ひじき)などの細かなパーツが多く集中力のいるキットといえます。金属なので、変に曲げてしまうと修正が難しいというか、おおよそ無理なので焦らずに作業をすることが大事。折り目を間違えて折ってしまったものを正常に折り直すと割れたりする原因となるので注意しましょう。雷門は曲面の表現や細かなパーツが多いので指先だけで作業するのは難しいでしょう。

## 1 壁面の作成

屋根以外の壁面を形作っていきます。提灯や風神雷神を納める基礎になりますので、水平垂直を意識して、しっかりとガタつかないよう固定するようにしましょう。

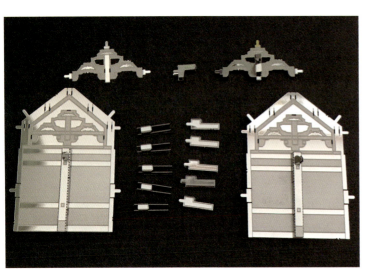

1　まず、側面の壁から製作していきます。真ん中の柱を含め、細かいパーツを留めていきます。

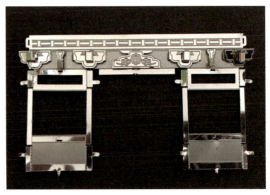

2　裏面の壁面を製作します。正面の山号（金龍山）額のない方になります。

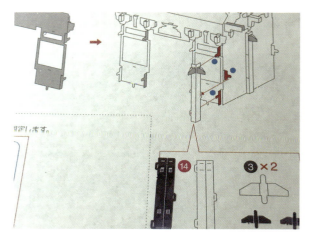

3　仕上がった側面と裏面の壁面を結合させます。説明書をしっかり確認しながら進めましょう。ここでの固定をしっかりしないとがたついてしまうので注意しましょう。

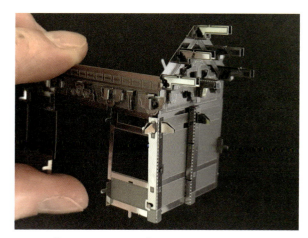

4　14の柱で、しっかりと固定します。

## 2　風神雷神、天龍金龍を作る

雷門内に安置されている風神雷神、天龍金龍の製作を進めます。床パーツにしっかりと固定しましょう。タブを引っ張り気味にひねると良いでしょう。もちろん、引っ張り過ぎは厳禁です。

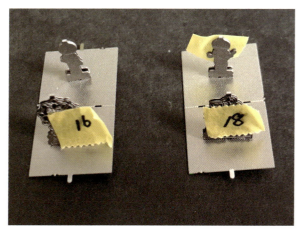

1　風神雷神、天龍金龍にはそれぞれナンバリングしておくと位置関係を間違えずにすむでしょう。

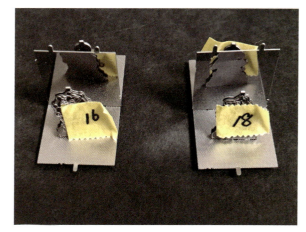

2　仕切りの壁もセットします。

# 3 大提灯を作る

雷門の象徴とも言える「大提灯」をいよいよ製作していきます。丸みをつけていかなければならないので少しコツが必要かもしれません。焦らずに楽しんで進めていきましょう。

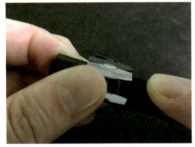

1 細めの棒状のものを使って丸みを付けます。

2 提灯の本体部分も棒状のもの、ペンなどを使って丸めていきます。上下のクセ付けはペンチなどで反りを付けていきます。

3 天井パーツに風神雷神と一緒に固定します。

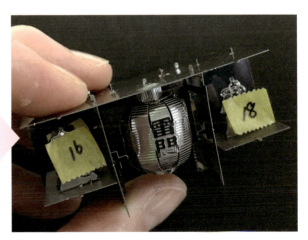

4 内側の壁も固定します。雷門内部が完成です。

5 前もって製作した左側面と後方面に結合させます。タブの位置を確認しながら焦らずに組み合わせていきましょう。

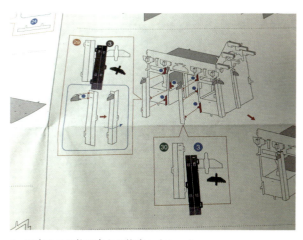
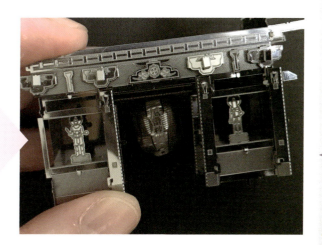

6 固定させる柱の向きに注意しましょう。

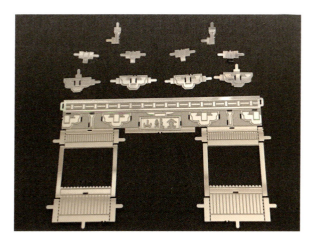
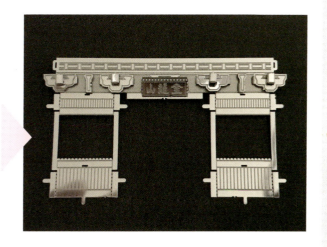

7 山門正面の製作を進めます。

8　山門正面と右側面を結合させていきます。

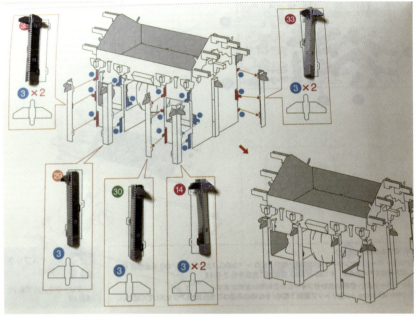

9　固定する柱を間違えないように仕上げた柱を説明書に合わせて置いておくと良いでしょう。

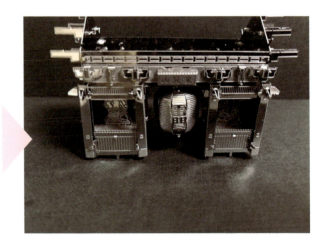

10　この角面の固定はちょっとややこしい感じですのであせらずに作業しましょう。タブの位置と差し込み口を上手く誘導して固定します。

# 4 屋根を作る

屋根の製作に入ります。雷門の屋根は装飾品などの細かいパーツもあり、また日本建築独特の美しい反りの再現もあります。力を入れ過ぎずに曲げていきます。

1　指の腹でゆっくりと力を掛けて反らせていきます。

2　パーツ35をガイドにしながら曲げていきましょう。

3　屋根に装着するパーツ（35、36）を固定していきます。

第
三
章
／
メ
タ
リ
ッ
ク
ナ
ノ
パ
ズ
ル
で
「
金
閣
寺
」「
雷
門
」
を
作
る

4　装飾品を作りセットしていきます。

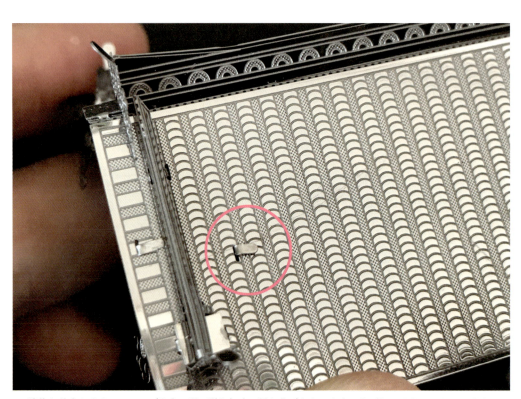

5　建物と結合します。このタブも少し引っ張り気味に折り曲げます。ぐらつきがないようにしたいですね。

6 台座を作ります。点線に沿ってゆっくりと折り曲げていきます。

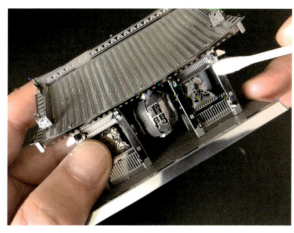

7 指紋などがついているようであれば、綿棒などで綺麗にすると良いでしょう。

完成!

楽しみ方の提案4

第三章／メタリックナノパズルで「金閣寺」「雷門」を作る

# 金閣寺・雷門を季節の植物と合わせる

季節の植物と一緒に飾ってみる。我が家の梅の盆栽が綺麗に咲いたので根元に置いてみました。

楽しみ方の提案 5

# 金閣寺・雷門を使って箱庭を作る

百円均一のショップで和風のトレー、ガラスビーズ、灯籠の置物、木製の飾りケースを購入。プラモデルで発売されている盆栽シリーズを製作。トレーにガラスビーズを敷き詰めて小物とともに飾ってみました。簡単な箱庭のようです。

第三章／メタリックナノパズルで「金閣寺」「雷門」を作る

お気に入りの和小物を組み合わせて楽しみます。季節感のあるものと合わせるのもおしゃれですね。

盆栽は、有限会社プラッツの「1/12 ザ・盆栽 壱 プラモデル（品番：BON-01）」を使用しています。

自分で作りたいミニチュア

# テンヨー／メタリック ナノパズル／

おすすめラインナップ

五重塔
（品番：T-MN-047）

古代インドにおけるストゥーパが起源の五重塔を再現！

姫路城
（品番：T-MN-049）

木造建築の最高峰に位置づけられる名城を再現！

日光東照宮　陽明門
（品番：T-ME-008M）

日光東照宮を象徴する建造物、陽明門を再現！

大阪城
（品番：T-MP-007）

日本の3名城のひとつ大阪城を再現！天守は、現在は博物館となっている。

熊本城
（品番：T-MP-006）

加藤清正が7年の歳月をかけ築城した熊本城を再現！

名古屋城
（品番：T-MP-009）

大阪城、熊本城と並ぶ日本の3名城のひとつを再現！

「メタリック ナノパズル」、「メタリック ナノパズル ゴールドシリーズ」および「メタリック ナノパズル プレミアムシリーズ」は、全国有名おもちゃ取り扱い店舗ほか、大手家電量販店で販売されています。また、オンラインでもご注文も可能です。詳しくは株式会社テンヨーのホームページをご確認ください。http://www.tenyo.co.jp/
「メタリック ナノパズル」、「メタリック ナノパズル ゴールドシリーズ」および「メタリック ナノパズル プレミアムシリーズ」は株式会社テンヨーの商品です。メタリック ナノパズル®　©Tenyo Co., Ltd.

# 第四章

## プラモデルで法隆寺「夢殿」「五重塔」を作る

本章では、フジミ模型株式会社のプラモデル「1/150 建築モデルシリーズ No.1 法隆寺 夢殿」と「1/150 建築モデルシリーズ No.2 法隆寺 五重塔」の作り方をご紹介しましょう。

©FUJIMI. All rights reserved.

## 法隆寺「夢殿」「五重塔」の豆知識

　法隆寺は、別名斑鳩寺(いかるがでら)。奈良県生駒郡斑鳩町にある寺院。創建607年。宗派は聖徳宗総本山。本尊は釈迦如来。西院伽藍（金堂、五重塔、中門、回廊、経蔵、鐘楼、大講堂）と東院伽藍（夢殿、絵殿及び舎利殿、伝法堂、鐘楼、南門、四脚門）に分けられます。特筆すべきは西院伽藍は現存する世界最古の木造建築物群であるということです。絵殿及び舎利殿、南門、四脚門以外はすべて国宝に指定されています。

写真提供：ピクスタ

一階にあたる初重には数多くの塑像（国宝）が安置されています。

写真提供：ピクスタ

夢殿には聖徳太子の頭身像とされる救世観音像が祀られています。

## キットの特徴について

本章で組み立てるフジミ模型のプラモデル「建築モデルシリーズ」は、パーツが色分けされているので、そのまま組み立てても十分に鑑賞できキットとなっています。神社仏閣、お城などのプラモデルは旅行の思い出としての製作や、お部屋のインテリアとしても楽しめるものでしょう。

また、少し手間暇を掛けて色をつけたり、情景作品にしたりとプラモデルの楽しみ方は多種多様です。短期決戦、じっくり製作とどちらを選んでも満足のいくものとなるはずです。次ページから、「法隆寺 夢殿（品番：建築モデルシリーズNo.1）」と「法隆寺 五重塔（品番：建築モデルシリーズNo.2）」の作り方を解説していきます。

説明書をしっかり読んで進めていきましょう。パーツは色分けされています。

ランナーと呼ばれる枠の中にパーツが固定されています。このつなぎ目を切り離して組み立てていきます。

## あると便利な道具紹介

プラモデル製作に必ず必要な道具が、パーツをランナーから切り離すためのニッパー、そのパーツ同士をくっつける接着剤です。そのほか、切り口を整えたり、パーツ以外の余分な部分（バリ）を削るためのデザインナイフやヤスリも必要でしょう。

また、この「建築モデルシリーズ」はパーツが色分けされているので必ずしも塗装は必要ありませんが、プラモデル用の塗料やパステルなどを使って塗装することで、一段とリアリティがアップすることでしょう。組み立てるだけでは物足りなくなったら塗装にもチャレンジしてみましょう。

どんなプラモデルもこの道具さえ揃えれば組み立ては可能です。

本格的なプラモデル塗料だけでなく、パステルなどを使ってアクセントをつけましょう。

# 「夢殿」作成時のポイント

プラモデルで作る法隆寺「夢殿」。
今回取り上げるプラモデルは色分け塗装済みのキットですのでそのまま組み上げてもいいですし、少し手を加えて塗装し直したりすると、またひと味違った仕上がりが楽しめます。

## 1 工具の基本的な使い方

プラモデル製作にとって一番に必要な工具はニッパーです。ちょっと奮発して良いものを使うと切断面も綺麗で、仕上がりも良くなります。刃を当てる角度に気を付けて切り離していきます。

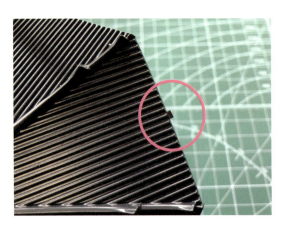

1　ニッパーはランナー（パーツを留めてある枠）の下から差し込んで切り離すと、切るポイントの視界が確保出来るのでおすすめします。

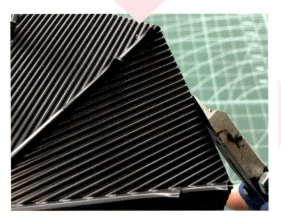
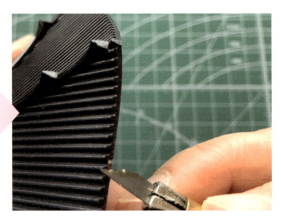

2　ギリギリで切らずにランナーを少しだけ残して切り離してから、再度ニッパーを並行に当てて切り離します。そのあとで、切り残し部分をカッターやデザインナイフで綺麗に処理しましょう。

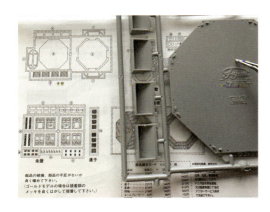

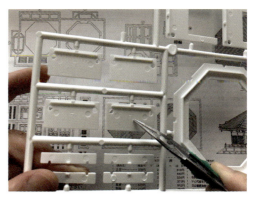

3　各パーツには番号が振ってあるので、説明書に書かれている番号を照らし合わせながらそのパーツを切り離していきます。

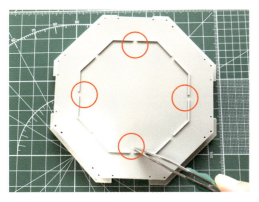

4　パーツ3の「0マーク」に注意します。この0マークを確認せずに進めると後で階段の位置が合わなくなります。

## 2　階段の取り付け

階段を取り付ける前に下処理をしていきます。パーツを組み合わせるのに少しきつかったり、組み込めない部分を削ったりヤスリ掛けして整えていきます。

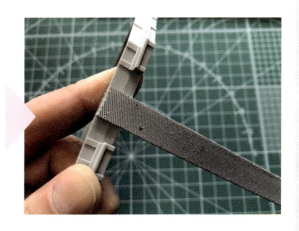

1　パーツ2の階段セット部分ですが、そのまま接着すると隙間が出来てしまうので平らに成形します。

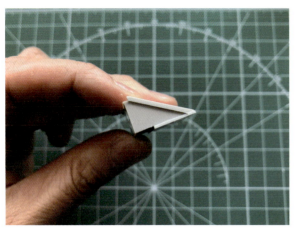

2　階段パーツ5は両サイドをヤスって平らにしておきます。

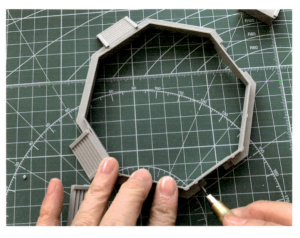

3　土台パーツ2の階段設置部分は階段を組み込むのに少しきついので、両サイドを削って幅を広げてみました。

## 3　建物の作り方

建物の製作に入ります。夢殿は八角堂です。2つの扉を各4つずつ作っていきます。扉が開く仕様になっているものは接着に注意します。

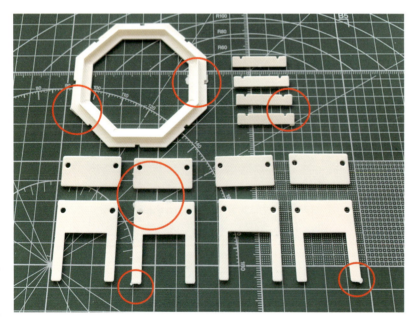

1　白壁パーツです。古いキットですので、成型する時に出来たバリ（実際のパーツからはみ出ている薄いプラスチック）を処理していきます。

2　紙やすりや、カッターなどで削っていきます。カッターやデザインナイフを使う場合は刃を削る面に当ててスライドさせます。削り過ぎないように注意しましょう。

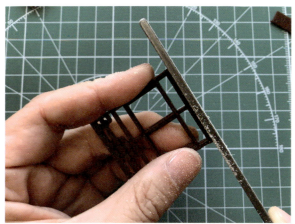

3　金ヤスリを使う時は、平らに当てて並行にスライドさせます。バリ処理をしながら高さの調整をします。

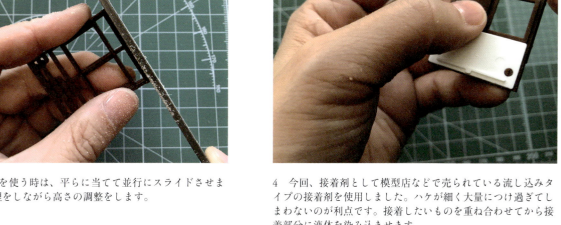

4　今回、接着剤として模型店などで売られている流し込みタイプの接着剤を使用しました。ハケが細く大量につけ過ぎてしまわないのが利点です。接着したいものを重ね合わせてから接着部分に液体を染み込ませます。

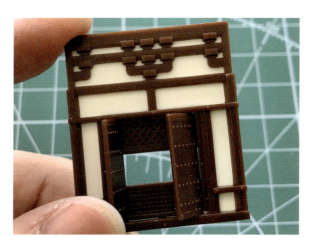

5　扉が開くように接着剤で留めてしまわないように注意します。

6　もうひとつの扉の完成形です。

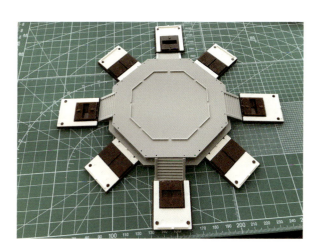

7　完成した扉の位置合わせをします。階段部分にくる扉を間違えないようにしましょう。

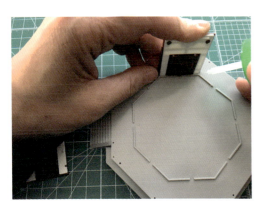
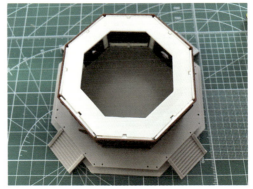

8 １枚ずつ丁寧に接着してすべての壁を固定していきます。

## 4 建物の作り方

メッキパーツですが、とにかく細かいので取り扱いに注意して無くさないようにします。マスキングテープに貼り付けたり、無くさないようにケースを用意すると良いでしょう。

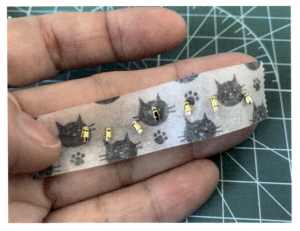

1 擬宝珠のパーツは非常に細かいのでざっくり切り離してマスキングテープに固定します。

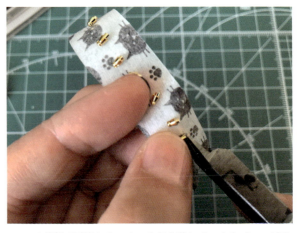

2 この状態で丁寧にランナーを切り離していくとパーツが飛んでなくなる心配はなくなります。

3 細かなパーツは持ち手が大変なのでクリップなどに挟んで作業すると便利です。

4 メッキパーツの接着にはゴム系の透明な接着剤が便利です。接着剤がはみ出しても爪楊枝等でとる事が出来ます。

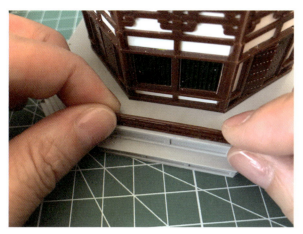
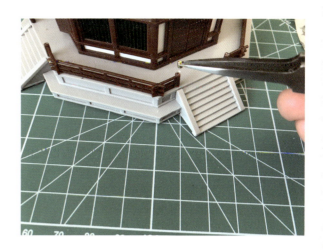

5 勾欄パーツと擬宝珠を接着していきます。擬宝珠は小さいのでピンセットを使いましょう。

6 屋根を接着して完成です。細かなパーツに触れないように慎重にセットしましょう。

完成！

# 「五重塔」作成時のポイント

今回組み立てるフジミの法隆寺「夢殿」「五重の塔」は並べて飾っても統一出来るサイズの1/150スケールとなっています。また、説明書の記載が建物の各部位がわかるようになっています。実際の建物の構造を知るのにも役立ちそうです。

## 1 工具の基本的な使い方

ニッパーの他に、デザインナイフ、ヤスリなども使うと丁寧な作業が出来ます。デザインナイフは刃先に充分注意しましょう。

1 まず、基壇と相輪を組み立てます。成型する時に出来たバリ（実際のパーツからはみ出ている薄いプラスチック）を処理していきます。

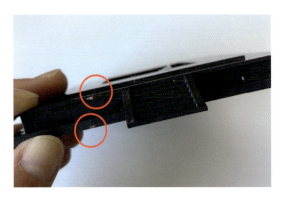

2 パーツ1と2を接着する時にニッパーで切り離した面を合わせて接着しておきます。飾る時に切り離していない面を正面にすれば切り口跡が気になりません。

3 相輪のパーツは折れやすいので注意します。説明書では五層屋根に先に接着するように指示されていますが、完成時最後に接着する方が良いと思います。

## 二層、三層、四層部分の作り方

四層、三層、二層の屋根を作っていきます。大きさが違うだけで同じ作業工程になります。ここで、気をつけたいのは肘木と風鐸パーツの接着です。小さなパーツですので無くさないように注意しましょう。

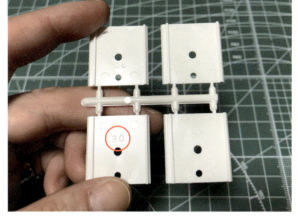

1　白壁パーツの裏面に番号が付いているので確認しながら切り離していきます。

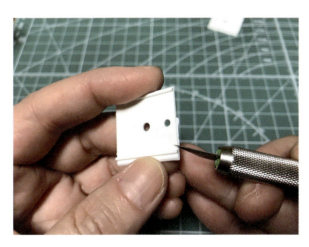

2　切り口やバリをカッター、紙やすり、金ヤスリなどで丁寧に処理します。白壁だけではなく朱壁もやっておきます。

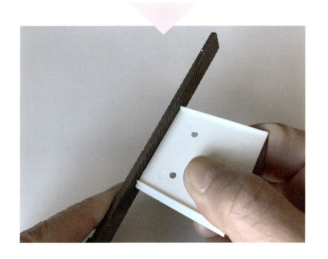
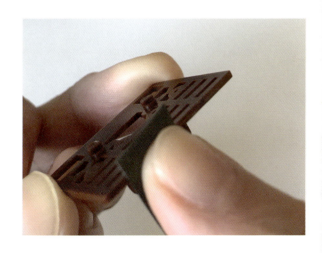

第四章／プラモデルで法隆寺「夢殿」「五重の塔」を作る

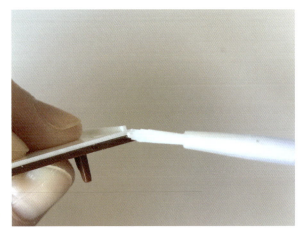

3　白壁と朱壁の接着は流し込みタイプの接着材が便利です。パーツを合わせた部分に接着材の刷毛部分をそっと付ければ液体が流れ込みます。

4　勾欄パーツですが、折れやすいので気を付けましょう。かくゆう私も折ってしまいました。折れた部分を修正して制作を進めます。

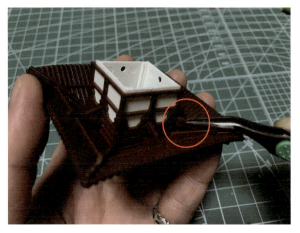

5　肘木パーツ11の接着ですが、不安定な部分への接着になるのでちょっとコツが要ります。接着剤はゴム系の透明ボンドを使いました。

6 風鐸パーツ39の接着ですが、取り付け部分の差し込み口が少し浅いのでピンバイスで深さをつけました。ピンバイスが無い場合は、千枚通しなどで工作しても良いと思いますが、怪我をしないように注意しましょう。

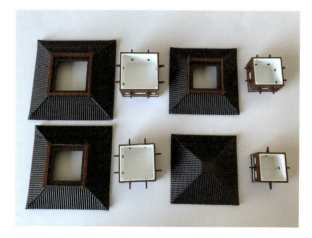

7 五層から二層までの完成です。

## 一層部分の作り方

一層の組み立てでいよいよ完成となります。一層部分は裳階屋根9に接着する朱壁の組み合わせの向きに注意が必要ですのでパーツの番号を間違えないようにします。

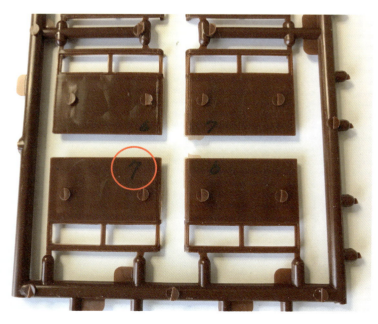

1 朱壁の裏側に番号を書き込んでおくと切り離したあとでも間違えることなく作業が進められるでしょう。

第
四
章
／
プ
ラ
モ
デ
ル
で
法
隆
寺
「
夢
殿
」
「
五
重
の
塔
」
を
作
る

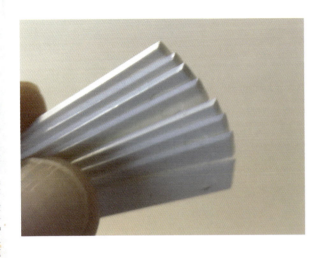

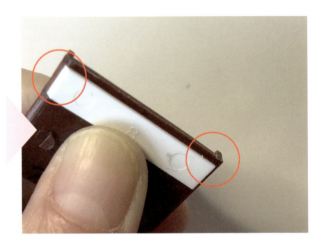

2 　腰壁パーツ8ですが、45度になっている側面を間違えないようにします。

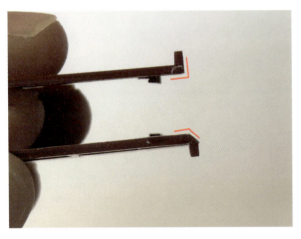

3 　朱壁6と7に腰壁8を接着しますが、この時に45度の向きを間違えないようにします。

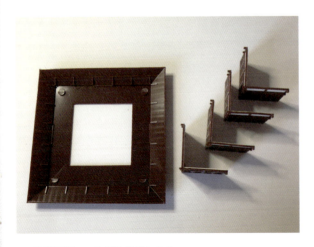

4 　裳階屋根9に朱壁を接着します。

70

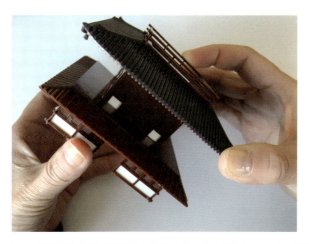 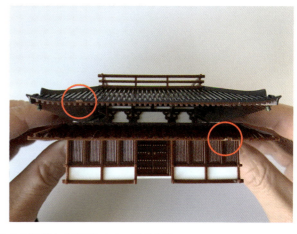

5　一層白壁を裳階屋根に差し込みます。この時にもニッパーで切り離した面を揃えて接着します。同じく五層から四層の屋根もそのように接着し、基壇にも合わせて取り付けます。そうすることで、切り口の無い面を正面に向けることで塗装などをしなくても整った仕上がりを鑑賞することが出来ます。

完成！

第四章／プラモデルで法隆寺「夢殿」「五重の塔」を作る

## 5 塗装してみましょう！

もう少し頑張って色つけや本物に近づける工夫をしてみるのもプラモデルの魅力です。今回は扱い易いアクリル塗料とパステルを使って製作してみましょう。

1　基壇部分を粗めの紙やすりでカリカリと削ります。基壇はタミヤアクリル「XF-19 スカイグレイ」で色つけしています。

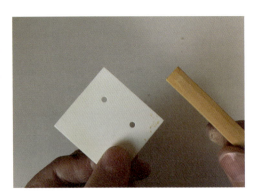 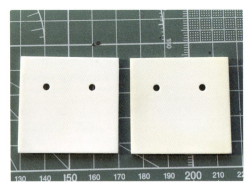

2　白壁部分に黄土色系のパステルで汚しをしていきます。右側が汚した白壁です。

3　朱壁はタミヤアクリルカラー「XF-10 フラットブラウン」で色つけします。クリップを持ち手にすると作業しやすいでしょう。色をつけるとフラットな色彩になり落ち着いた感じになります。

4　朱壁部分はさらにパステルで汚してみます。屋根部分もタミヤアクリルカラー「XF-63 ジャーマングレイ」で塗装。

5　素組みでも充分に綺麗ですが、ちょっと手を加えるとまた違った楽しみ方が出来ます。

楽しみ方の提案6

第四章／プラモデルで法隆寺「夢殿」「五重の塔」を作る

# 五重塔で楽しむミニチュア情景

今回製作したプラモデルのスケールは1/150サイズ。鉄道模型のNゲージと同サイズです。模型店などで鉄道模型に使う1/150サイズのフィギュアを合わせて簡単な情景作品を作ってみました。樹木も鉄道模型のコーナーで購入出来ます。

見た目も地面ぽい感じのコルクボードを使いました。そのままでも充分ですし、鉄道模型などで使うパウダーを添付しても良いでしょう。

小さなフィギュアを物語を考えながら並べるのも楽しみのひとつです。

上から写真を撮ってみるとまるでドローンを使ったような楽しみ方も出来ます。

自分で作りたいミニチュア

# フジミ模型／建物モデルシリーズ／プラモデル

おすすめラインナップ

**No.3 1/150
法隆寺 金堂**

釈迦三尊像がまつられている法隆寺「金堂」を再現！

**No.13 1/150
鹿苑寺 金閣寺**

室町時代を代表する有名建築「金閣寺」を再現！

**No.14 1/150
慈照寺 銀閣寺**

金閣寺と並ぶ京都の有名建築「銀閣寺」を再現！

**No.19
厳島神社**

日本三景のひとつで世界遺産でもある厳島神社を再現！

**No.20
浅草寺**

浅草にある東京都最古の寺「浅草寺」を再現。

**No.27
登呂遺跡**

静岡市にある「登呂遺跡」の竪穴式住居と高床式倉庫を再現！

フジミ模型株式会社の商品は、全国プラモデル取扱店ほか、大手家電量販店等で販売されています。また、オンラインショップでもご注文も可能です。詳しくはフジミ模型株式会社のホームページをご確認ください。http://www.fujimimokei.com
©FUJIMI. All rights reserved.

## 第五章

## 右衛門 作品集

この章では、わたしが模型雑誌や展示会などで発表してきた作品をいくつか紹介させていただきます。作品をどう見てもらうか、という点にも注目していただければと思います。

第五章／右衛門作品集

「農道のポルシェ」（月刊モデルアート作例）

青島文化教材社　1/24　ザ・ベストカーGTシリーズ No.80　スバル 12 サンバートラック TCスーパーチャージャー（プラモデル）

童友社　1/500プレミアム姫路城

「姫路城」
(月刊モデルアート作例)

第五章／右衛門作品集

「ノイシュバンシュタイン城」

童友社　1/220西洋の城　ノイシュバンシュタイン城

第五章／右衛門作品集

タミヤ

1/20レッドブルレーシング
ルノーRB6

フジミ模型
1/20フェラーリF138中国GP#アロンソ
（月刊モデルアート作例）

第五章／右衛門作品集

タミヤ　1/48ミリタリーミニチュアシリーズ　シトロエン11CVスタッフカー

「木漏れ日」

第五章／右衛門作品集

タミヤ　1/24 ラ・フェラーリ

## フジミ模型
1/24フィアット500（月刊モデルグラフィックス作例）

第五章／右衛門作品集

「かくれんぼ」
タミヤ　1/35ベロキラプトル

「SURPRISE」
タミヤ　1/35ベロキラプトル

第五章／右衛門作品集

童友社 1/30 レトロモデル屋形船（月刊モデルアート作例）

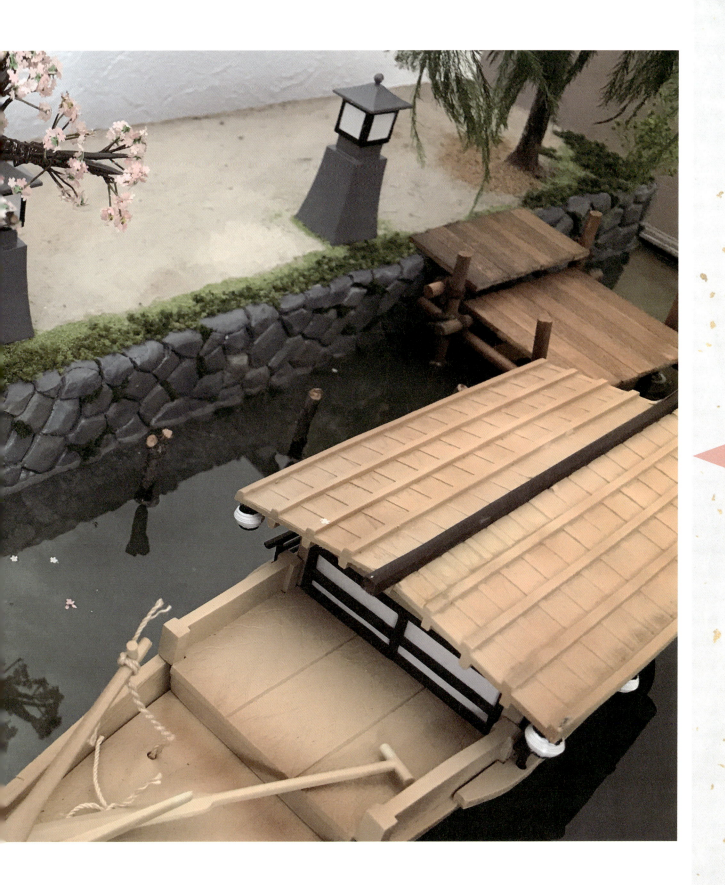

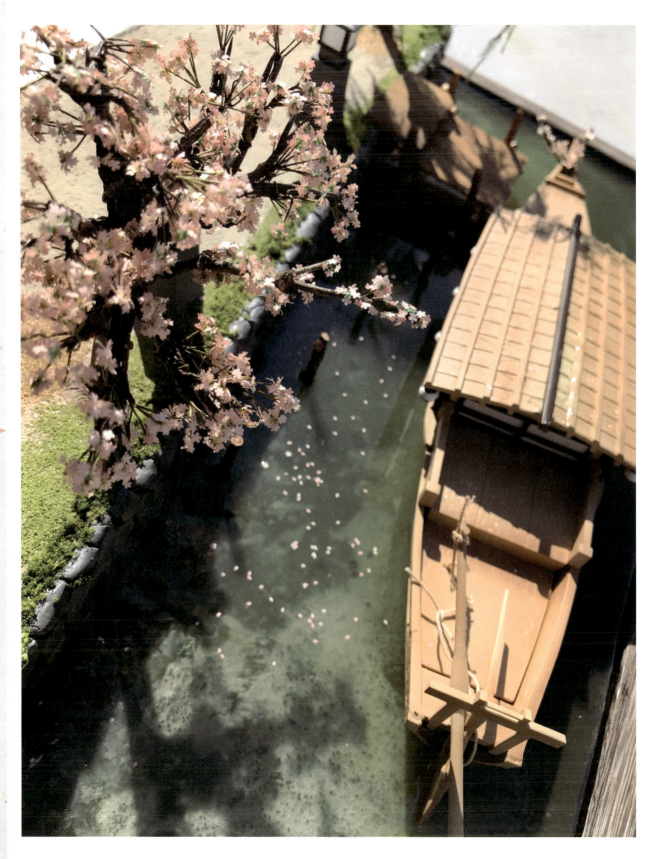

## 作品集／解説

子供の頃に見た田園風景を情景作品としてみました。思い出の断片を形にする作業もまた楽しいものです。

石垣のモールドを深くしてよりリアルに。実際の空撮写真を参考に樹木の配置までこだわりました。

小学生の頃に作り上げることが出来なかったキットを最近再チャレンジして完成させた作品です。

フォーミュラカーの独特のフォルムとカラーリングを存分に楽しんで製作しました。

独特の赤の表現に、細かいパーツも多く完成までに結構苦労した思い出の作品です。

紅葉したメープルの揺れる木陰が車のルーフに映る様子をコンパクトな情景作品にしてみました。

大好きな色「キャンディライム」。どうしてもこの色でスーパーカーを作って見たかったのです。

ハードトップをキャンバストップに改造した作品。身の回りにあるもので創作することも楽しみの一つです。

ベロキラプトルが大きな卵の抜け殻でかくれんぼ。見たことのない情景も形に出来るミニチュアの世界です。

大好きな時代劇のワンシーンを思いながらの情景作品です。柳はアスパラの葉を加工しました。

自分で作れる
# ミニチュア神社・仏閣の作り方

## 右衛門

協力
(五十音順)
株式会社カワダ
株式会社テンヨー
フジミ模型株式会社

---

2019年5月1日　初版発行

発行者／宮田一登志
発行所／株式会社新紀元社
〒101-0054
東京都千代田区神田錦町1-7 錦町一丁目ビル2F
TEL:03-3219-0921　FAX:03-3219-0922
http://www.shinkigensha.co.jp/
郵便振替／00110-4-27618

デザイン／野村道子 (bee'sknees-design)

印刷・製本／中央精版印刷株式会社

ISBN978-4-7753-1603-0

定価はカバーに表示してあります。
Printed in Japan